Bibliografische Information der Deutschen Nationalbibliothek:

Die Deutsche Nationalbibliothek verzeichnet diese Publikation in der Deutschen Nationalbibliografie; detaillierte bibliografische Daten sind im Internet über dnb.dnb.de abrufbar.

Herstellung und Verlag: BoD – Books on Demand, Norderstedt
ISBN: 9783750487772

Jürgen Kraaz

SCHWARM INTELLI GENZ

: Menschen

: Tiere

: Unternehmen

Inhaltsverzeichnis

Schwarmintelligenz – was ist das eigentlich?

Schwarmintelligenz bezieht sich auf das Phänomen, dass dezentrale Gruppen von Individuen - wie beispielsweise Tiere, Menschen oder Computerprogramme - in der Lage sind, komplexe Probleme gemeinsam zu lösen, indem sie miteinander kommunizieren und kooperieren.

Durch die Zusammenarbeit der Gruppe entsteht eine emergente Intelligenz, die über die Fähigkeiten der einzelnen Individuen hinausgeht.

Schwarmintelligenz ist geprägt durch Merkmale wie Selbstorganisation, Flexibilität, Anpassungsfähigkeit und Dezentralisierung. Sie findet Anwendung in verschiedenen Bereichen wie Technologie, Robotik, künstlicher Intelligenz, Biologie und Wirtschaft.

Intelligenz – was ist das eigentlich?

Intelligenz ist ein schwer zu definierendes Konzept und es gibt keine allgemein anerkannte Definition. Im Allgemeinen bezieht sich Intelligenz auf die Fähigkeit, Probleme zu lösen, zu lernen, Wissen zu erwerben, zu denken, zu verstehen, zu planen, zu adaptieren und zu kommunizieren.

Traditionell wurde Intelligenz oft als eine Art allgemeine kognitive Fähigkeit betrachtet, die sich auf die Fähigkeit bezieht, komplexe Probleme zu lösen und sich an neue Situationen anzupassen. In jüngerer Zeit haben Forscher jedoch anerkannt, dass es verschiedene Arten von Intelligenz gibt, einschließlich sozialer, emotionaler und kreativer Intelligenz.

Einige gängige Methoden zur Messung von

9

Intelligenz sind Intelligenztests, die Fähigkeiten in Bereichen wie verbalen und mathematischen Fähigkeiten, räumlichem Denken und Problemlösung messen.

Es ist jedoch wichtig zu beachten, dass Intelligenztests nicht die gesamte Bandbreite der Intelligenz eines Individuums erfassen können und dass es viele verschiedene Arten von Intelligenz gibt, die schwierig zu messen sind.

Die Bedeutung von Schwarmintelligenz

Entscheidend für die Bedeutung von Schwarmintelligenz ist, dass sie es ermöglicht, komplexe Probleme auf eine effektive und effiziente Art und Weise zu lösen, die für einzelne Individuen oder zentralisierte Systeme nicht möglich wären.

Schwarmintelligenz ist somit ein Ansatz, um Herausforderungen anzugehen, die zu groß, zu komplex oder zu dynamisch sind, um von einem Einzelnen oder einer zentralen Steuerung bewältigt zu werden.

Die Bedeutung von Schwarmintelligenz zeigt sich in vielen Anwendungen wie beispielsweise in der Robotik, wo autonome Roboter Schwarmverhalten nutzen, um koordiniert und intelligent zu handeln. In der Wirtschaft können Schwarmintelligenz-basierte Ansätze in der Prozessoptimierung, in der Logistik und in der Produktentwicklung eingesetzt werden. In der Biologie werden Schwarmverhalten und Schwarmintelligenz bei verschiedenen Tierarten wie Ameisen, Bienen oder Fischen beobachtet und untersucht.

Schwarmintelligenz kann somit einen entscheidenden Beitrag zur Lösung von komplexen Problemen und zur Verbesserung von Prozessen in verschiedenen Bereichen leisten.

Grundsätzlich

So erreicht man Ziele: Schwarmbildung und -führung

Schwarmbildung und -führung (auch Schwarmintelligenz genannt) ist ein Konzept, das sich auf die Art und Weise bezieht, wie Gruppen von Individuen zusammenarbeiten, um komplexe Probleme zu lösen oder Ziele zu erreichen.

Der Begriff "Schwarm" bezieht sich auf eine Gruppe von Individuen, die auf koordinierte Weise interagieren, um eine gemeinsame Aufgabe zu erfüllen.

Schwarmbildung und -führung hat viele Anwendungen in verschiedenen Bereichen, einschließlich der Robotik, der künstlichen Intelligenz, der Biologie, der Wirtschaft und der militärischen Strategie. In der Robotik werden Schwarmroboter eingesetzt, um komplexe Aufgaben wie die Erkundung von Umgebungen oder die Rettung von Menschen in Katastrophengebieten auszuführen. In der künstlichen Intelligenz werden Schwarmalgorithmen eingesetzt, um komplexe Entscheidungsprozesse zu automatisieren, wie zum Beispiel die Bestimmung der optimalen Flugroute eines Flugzeugs.

Die Führung eines Schwarms ist eine schwierige Aufgabe, da der Schwarm aus vielen Individuen besteht, die unabhängig voneinander agieren:.

Eine erfolgreiche Führung erfordert eine klare Kommunikation, eine klare Definition der Ziele und Aufgaben und eine effektive Koordination der individuellen Aktionen des Schwarms.

Schwarmbildung und -führung ist ein interessantes und vielversprechendes Konzept, das viel Potenzial für die Lösung von komplexen Problemen und die Verbesserung der Effizienz von Arbeitsprozessen bietet.

Schwarmintelligenz hat typische Eigenschaften

Schwarmintelligenz ist ein Konzept, das sich auf die Fähigkeit von Gruppen von Individuen bezieht, gemeinsam komplexe Probleme zu lösen, ohne dass eine zentrale Autorität erforderlich ist.

Schwarmintelligenz wird oft in der Natur beobachtet, aber auch in der künstlichen Intelligenz und Robotik angewendet. Im Folgenden sind einige der wichtigsten Eigenschaften von Schwarmintelligenz aufgeführt:

Dezentralisierung:

Schwarmintelligenz basiert auf der dezentralen Entscheidungsfindung von vielen Individuen, ohne dass eine zentrale Autorität erforderlich ist.

Selbstorganisation

Individuen im Schwarm organisieren sich selbst und arbeiten gemeinsam an der Erreichung eines gemeinsamen Ziels.

Anpassungsfähigkeit:

Der Schwarm kann auf Änderungen in der Umgebung schnell und flexibel reagieren und sich anpassen.

Emergenz:

Durch die Interaktion der Individuen entstehen emergente Verhaltensmuster und komplexe globale Verhaltensweisen, die nicht direkt von einem Individuum gesteuert werden.

Flexibilität:

Schwarmintelligenz ermöglicht eine höhere Flexibilität und Agilität, da der Schwarm schnell auf Veränderungen in der Umgebung reagieren kann.

Robustheit:

Der Schwarm kann trotz Störungen oder Ausfällen von Individuen weiterhin funktionieren, da andere Individuen ihre Rolle übernehmen können.

Skalierbarkeit:

Schwarmintelligenz ermöglicht eine höhere Skalierbarkeit, da größere Schwärme effektiv und effizient arbeiten können, ohne dass eine zentrale Autorität erforderlich ist.

Zusammenfassend lässt sich sagen, dass Schwarmintelligenz durch die dezentrale Entscheidungsfindung und Koordination von vielen Individuen, Selbstorganisation, Anpassungsfähigkeit, Emergenz, Flexibilität, Robustheit und Skalierbarkeit gekennzeichnet ist. Diese Eigenschaften machen Schwarmintelligenz zu einem leistungsstarken Konzept für die Lösung komplexer Probleme in verschiedenen Anwendungsbereichen.

Die Dezentralisierung der Schwarmintelligenz

 Dezentralisierung bezieht sich darauf, dass Entscheidungen und Handlungen auf viele einzelne Akteure verteilt werden, anstatt dass sie zentralisiert und von wenigen zentralen Stellen aus gesteuert werden.

Schwarmintelligenz ist ein Konzept aus der Biologie und der Informatik, das sich auf die kollektive Intelligenz von Gruppen bezieht, bei der jedes Individuum im Schwarm eine Aufgabe ausführt, um das Gesamtziel zu erreichen.

In Kombination können dezentralisierte Systeme auf Basis von Schwarmintelligenz sehr effektiv und robust sein.

Ein Beispiel dafür sind Blockchain-Systeme wie Bitcoin, bei denen die Entscheidungen über Transaktionen und Änderungen der Blockchain durch ein dezentralisiertes

Netzwerk von Nutzern getroffen werden, die mithilfe eines Konsensus-Mechanismus zusammenarbeiten, um eine gemeinsame Wahrheit zu erreichen.

Ein weiteres Beispiel sind dezentralisierte autonome Organisationen (DAOs), die auf der Blockchain-Technologie aufbauen und eine dezentrale Governance ermöglichen, bei der die Entscheidungen von den Teilnehmern im Netzwerk getroffen werden.

Insgesamt kann die Kombination von Dezentralisierung und Schwarmintelligenz eine Vielzahl von Vorteilen bieten, darunter höhere Sicherheit und Robustheit, geringere Abhängigkeit von zentralen Institutionen, höhere Skalierbarkeit und Flexibilität sowie eine verbesserte Innovationsfähigkeit.

Die Selbstorganisation ist der Schlüssel

Die Kombination von Dezentralisierung und Selbstorganisation in der Schwarmintelligenz ermöglicht es einem Schwarm von Individuen, gemeinsam komplexe Probleme zu lösen, ohne dass eine zentrale Autorität oder Hierarchie erforderlich ist.

Jedes Individuum im Schwarm agiert autonom und interagiert mit seinen Nachbarn in der Umgebung, um Informationen auszutauschen und Entscheidungen zu treffen.

Durch die Selbstorganisation des Schwarmes können komplexe Verhaltensweisen entstehen, die auf individueller Ebene nicht vorhersehbar sind. Das Verhalten des Schwarmes wird durch lokale Interaktionen der Individuen bestimmt, ohne dass ein globaler Plan vorhanden ist. Dies ermöglicht es dem Schwarm, sich an veränderte Umgebungsbedingungen anzupassen und effektiv auf neue Herausforderungen zu reagieren.

Die Dezentralisierung des Schwarmes ermöglicht es jedem Individuum, auf Basis seiner eigenen Erfahrungen und Informationen Entscheidungen zu treffen.

Dies führt zu einer höheren Flexibilität und Anpassungsfähigkeit, da der Schwarm nicht von einem einzigen Punkt abhängig ist.

Zusammenfassend lässt sich sagen, dass die Kombination von Dezentralisierung und Selbstorganisation in der Schwarmintelligenz eine effektive Möglichkeit darstellt, komplexe Probleme zu lösen und sich an veränderte Umgebungsbedingungen anzupassen, ohne dass eine zentrale Autorität oder Hierarchie erforderlich ist.

Die Anpassungsfähigkeit der Schwarmintelligenz

Anpassungsfähigkeit in der Schwarmintelligenz bezieht sich auf die Fähigkeit von vielen Individuen, sich an Veränderungen in der Umgebung anzupassen und ihr Verhalten entsprechend anzupassen.

Die Individuen im Schwarm reagieren auf ihre Umgebung und aufeinander, um kollektiv eine globale Aufgabe zu erfüllen.

Die Anpassungsfähigkeit in der Schwarmintelligenz basiert auf der Selbstorganisation und der dezentralisierten Entscheidungsfindung.

Jedes Individuum im Schwarm kann autonom handeln und Entscheidungen treffen, basierend auf seinen eigenen Erfahrungen und der Interaktion mit anderen Individuen im Schwarm.

Durch die lokale Interaktion und Anpassung können komplexe Muster und Verhaltensweisen auf der globalen Ebene entstehen.

Die Anpassungsfähigkeit in der Schwarmintelligenz bietet mehrere Vorteile. Zum einen ermöglicht sie eine höhere Flexibilität und Agilität, da der Schwarm schnell auf Veränderungen in der Umgebung reagieren kann. Wenn beispielsweise ein Hindernis auftritt, kann der Schwarm dynamisch neue Wege finden, um es zu umgehen, ohne dass eine zentrale Autorität eingreifen muss.

Darüber hinaus ermöglicht die Anpassungsfähigkeit eine höhere Robustheit und Stabilität des Schwarmes. Wenn beispielsweise ein Individuum ausfällt oder gestört wird, kann der Schwarm weiterhin funktionieren und seine Aufgaben erfüllen, da andere Individuen seine Rolle übernehmen können.

Die Anpassungsfähigkeit in der Schwarmintelligenz hat auch den Vorteil einer höheren Skalierbarkeit. Der Schwarm kann aus einer großen Anzahl von Individuen bestehen, die gemeinsam arbeiten, um komplexe Aufgaben zu lösen. Da die Entscheidungen dezentralisiert und selbstorganisiert sind, können größere Schwärme effektiv und effizient arbeiten, ohne dass eine zentrale Autorität erforderlich ist.

Zusammenfassend lässt sich sagen, dass die Anpassungsfähigkeit in der Schwarmintelligenz eine wichtige Rolle bei der Bewältigung komplexer Aufgaben spielt. Indem viele Individuen gemeinsam und selbstorganisiert arbeiten und sich an Veränderungen in der Umgebung anpassen,

Die Emergenz der Schwarmintelligenz

Emergenz bezieht sich auf das Phänomen, dass auf globaler Ebene komplexe Muster und Verhaltensweisen entstehen können, die nicht direkt von einem Individuum im Schwarm geplant oder gesteuert werden, sondern durch die Interaktion und Selbstorganisation der vielen Individuen entstehen.

In einem Schwarm können emergente Verhaltensweisen und Muster auftreten, wenn die Individuen lokal auf ihre Umgebung und aufeinander reagieren und so komplexe globale Verhaltensweisen erzeugen. Beispielsweise kann eine Gruppe von Vögeln gemeinsam ein Schwarmverhalten zeigen, ohne dass ein einzelner Vogel das Verhalten steuert. Stattdessen reagieren die Vögel aufeinander und auf ihre Umgebung und erzeugen so ein komplexes Verhaltensmuster.

Die Emergenz in der Schwarmintelligenz bietet mehrere Vorteile. Zum einen ermöglicht sie eine höhere Flexibilität und Agilität, da der Schwarm schnell auf Veränderungen in der Umgebung reagieren kann.

Wenn ein Hindernis auftritt, kann der Schwarm dynamisch neue Wege finden, um es zu umgehen, ohne dass eine zentrale Autorität eingreifen muss.

Darüber hinaus ermöglicht die Emergenz eine höhere Robustheit und Stabilität des Schwarmes. Wenn beispielsweise ein Individuum ausfällt oder gestört wird, kann der Schwarm weiterhin funktionieren und seine Aufgaben erfüllen, da andere Individuen seine Rolle übernehmen können.

Die Emergenz in der Schwarmintelligenz hat auch den Vorteil einer höheren Skalierbarkeit. Der Schwarm kann aus einer großen Anzahl von Individuen bestehen, die gemeinsam arbeiten, um komplexe Aufgaben zu lösen. Da die Entscheidungen dezentralisiert und selbstorganisiert sind, können größere Schwärme effektiv und effizient arbeiten, ohne dass eine zentrale Autorität erforderlich ist.

Zusammenfassend lässt sich sagen, dass die Emergenz in der Schwarmintelligenz eine wichtige Rolle bei der Bewältigung komplexer Aufgaben spielt. Indem viele Individuen gemeinsam und selbstorganisiert arbeiten und emergente Verhaltensweisen und Muster erzeugen, kann der Schwarm autonom handeln, flexibel und robust sein und eine höhere Skalierbarkeit aufweisen.

Die Flexibilität der Schwarmintelligenz

Die Flexibilität der Schwarmintelligenz bezieht sich auf ihre Fähigkeit, sich schnell an veränderte Umgebungsbedingungen anzupassen und neue Probleme zu lösen.

Der Schwarm besteht aus vielen Individuen, die autonom handeln und lokal miteinander interagieren, um kollektiv eine globale Aufgabe zu erfüllen.

Durch die Selbstorganisation und die dezentralisierte Struktur des Schwarmes können Individuen schnell auf Veränderungen in der Umgebung reagieren und neue Lösungen finden. Wenn beispielsweise ein Hindernis den Weg des Schwarmes blockiert, können die Individuen ihre Bewegungen anpassen und alternative Wege finden, um das Ziel zu erreichen.

Schwarmintelligenz ermöglicht es auch, auf unvorhergesehene Ereignisse zu reagieren. Wenn sich beispielsweise die Bedingungen in der Umgebung ändern und neue Informationen verfügbar werden, kann der Schwarm schnell reagieren und seine Strategien und Verhaltensweisen anpassen.

Zusammenfassend lässt sich sagen, dass die Flexibilität der Schwarmintelligenz eine entscheidende Rolle bei der Bewältigung komplexer Aufgaben spielt.

Indem jeder Teilnehmer autonom handelt und lokal mit anderen interagiert, kann der Schwarm schnell auf Veränderungen reagieren und neue Lösungen finden, ohne auf eine zentrale Autorität angewiesen zu sein.

Die Robustheit der Schwarmintelligenz

Robustheit bezieht sich auf die Fähigkeit eines Systems, seine Funktion trotz Störungen oder Veränderungen in der Umgebung aufrechtzuerhalten.

In Bezug auf Schwarminelligenz bedeutet Robustheit, dass das System

widerstandsfähig gegen Störungen und Ausfälle einzelner Agenten oder Subsysteme ist, ohne dabei die Gesamtfunktion des Schwarms zu beeinträchtigen.

Ein robustes Schwarminelligenzsystem kann auch in einer dynamischen Umgebung stabil bleiben und sich an Veränderungen anpassen.

Robustheit ist ein wichtiger Faktor für den Erfolg von Schwarminelligenzsystemen, da diese Systeme oft in unvorhersehbaren und dynamischen Umgebungen eingesetzt werden, in denen Störungen und Ausfälle auftreten können. Wenn das Schwarminelligenzsystem nicht robust ist, kann es schwierig sein, das gemeinsame Ziel zu erreichen und die Gesamtfunktion des Systems aufrechtzuerhalten.

Die Skalierbarkeit der Schwarmintelligenz

Skalierbarkeit bezieht sich auf die Fähigkeit eines Systems, seine Leistungsfähigkeit effektiv zu erhöhen, wenn die Anforderungen steigen oder das System wächst.

In Bezug auf Schwarmintelligenz bedeutet Skalierbarkeit, dass das System in der Lage ist, seine kollektive Intelligenz auf effektive Weise zu nutzen, wenn die Anzahl der Agenten oder Individuen im System erhöht wird.

Ein skalierbares Schwarminelligenzsystem kann problemlos auf eine größere Anzahl von Agenten oder Individuen erweitert werden,

ohne dass die Effizienz und die Fähigkeit des Systems beeinträchtigt werden, seine gemeinsamen Ziele zu erreichen. Die Skalierbarkeit ist ein wichtiger Faktor für den Erfolg von Schwarminelligenzsystemen, da diese Systeme oft in großen Gruppen von Agenten oder Individuen eingesetzt werden, um komplexe Aufgaben zu lösen.

Skalierbarkeit und Schwarminelligenz sind eng miteinander verbunden, da die kollektive Intelligenz des Schwarms zunimmt, wenn mehr Agenten oder Individuen im System vorhanden sind. Ein skalierbares Schwarminelligenzsystem kann seine kollektive Intelligenz nutzen, um auch komplexe Probleme effektiv zu lösen und auf veränderte Anforderungen oder Umgebungen zu reagieren.

Menschen

Schwarmverhalten im Kontext

Es gibt verschiedene Formen des Schwarmverhaltens, die in verschiedenen Kontexten beobachtet werden können. Hier sind einige Beispiele:

1. Herdenverhalten: Herdenverhalten bezieht sich auf das Verhalten von Tieren, insbesondere von Herdentieren, die in Gruppen zusammenleben und oft in synchronisierten Bewegungen agieren. Im menschlichen Kontext kann Herdenverhalten in Situationen wie Konzerten oder sportlichen Veranstaltungen beobachtet werden, wo Menschen oft synchronisiert klatschen, singen oder jubeln.

2. Konformitätsdruck: Konformitätsdruck bezieht sich auf den Druck, der auf eine Person

ausgeübt wird, um sich an die Normen und Erwartungen einer Gruppe anzupassen. Konformitätsdruck kann in sozialen Situationen wie Gruppenbesprechungen, Arbeitsplatzszenarien und Gruppenzwang beobachtet werden.

3. Kollektive Intelligenz: Kollektive Intelligenz bezieht sich auf die Fähigkeit von Gruppen, komplexe Aufgaben zu lösen oder Entscheidungen zu treffen, die über die Fähigkeiten der Einzelnen hinausgehen. Dies kann in verschiedenen Kontexten beobachtet werden, wie zum Beispiel in der Wissenschaft, wo Forschungsgruppen zusammenarbeiten, um komplexe Probleme zu lösen.

4. <u>Gruppendenken</u>: Gruppendenken bezieht sich auf eine Situation, in der Gruppenmitglieder ihre individuellen Meinungen und Überzeugungen aufgeben, um sich an die Meinungen und Überzeugungen der Gruppe anzupassen. Dies kann dazu führen, dass die Gruppe irrational handelt und Entscheidungen trifft, die schlecht für die Gruppe oder die Gesellschaft sind.

Schwarmintelligenz in menschlichen Gesellschaften

Schwarmintelligenz ist auch in menschlichen Gesellschaften ein wichtiges Konzept. In sozialen Systemen wie Teams, Organisationen oder Gesellschaften können sich ähnliche Phänomene wie bei natürlichen Schwärmen zeigen, wenn eine Gruppe von Menschen gemeinsam an einem Ziel arbeitet und dabei auf dezentrale und selbstorganisierte Weise agiert.

Ein Beispiel dafür ist das Konzept des Schwarmdenkens, bei dem Gruppen von Menschen kollaborativ und interaktiv arbeiten, um Lösungen für komplexe Probleme zu finden. Dabei wird das Wissen, die Fähigkeiten und die Perspektiven jedes Einzelnen genutzt, um eine höhere Intelligenz und Kreativität zu erzielen, als es ein einzelnes Individuum allein könnte.

Eine weitere Anwendung von Schwarmintelligenz in menschlichen Gesellschaften ist die Crowd Intelligence. Hierbei werden große Gruppen von Menschen mithilfe von Technologie oder Plattformen wie Crowdsourcing oder Social Media eingesetzt, um gemeinsam Probleme zu lösen oder Entscheidungen zu treffen. Beispiele hierfür sind die Wikipedia, bei der eine große Anzahl von Freiwilligen gemeinsam Inhalte erstellt, oder die Verwendung von Crowd Intelligence in der Politik, um die Meinungen und Bedürfnisse der Bürger zu erfassen und in Entscheidungsprozesse zu integrieren.

Schwarmintelligenz kann auch in der Wirtschaft angewendet werden. Unternehmen können ihre Mitarbeiter als eine Art "Schwarm" betrachten und sie auf dezentrale Weise arbeiten lassen, um schneller auf sich verändernde Bedingungen oder

Kundenbedürfnisse reagieren zu können. Ein Beispiel hierfür ist die agile Arbeitsweise, bei der Teams in kurzen Zyklen zusammenarbeiten und ihre Arbeitsergebnisse aufeinander abstimmen, um schnell auf Feedback und Änderungen reagieren zu können

Flashmobs: Bei einem Flashmob handelt es sich um eine spontane Zusammenkunft von Menschen, die sich über soziale Medien oder andere Kanäle verabredet haben. Die Teilnehmer treffen sich an einem öffentlichen Ort und führen dort eine kurze und oft ungewöhnliche Aktion aus, wie z.B. ein synchronisiertes Tanzen oder Singen. Nachdem die Aktion beendet ist, löst sich der Flashmob schnell wieder auf. Flashmobs zeigen, wie Menschen in der Lage sind, schnell und spontan zusammenzukommen und kollektiv eine Aktion auszuführen.

Crowdfunding: Crowdfunding ist eine Form des Crowdsourcing, bei der eine Gruppe von Menschen (die "Crowd") gemeinsam Geld sammelt, um ein Projekt zu finanzieren. Das Projekt kann alles sein, von einem Film oder einer Musikproduktion bis hin zu einer Erfindung oder einem gemeinnützigen Vorhaben. Crowdfunding zeigt, wie Menschen ihre Ressourcen und ihr Wissen bündeln können, um gemeinsam etwas zu schaffen oder zu unterstützen.

Wikipedia: Wikipedia ist eine Online-Enzyklopädie, die von einer großen Anzahl von Freiwilligen aus der ganzen Welt erstellt wird. Die Freiwilligen arbeiten zusammen, um Artikel zu schreiben, zu bearbeiten und zu überprüfen. Wikipedia zeigt, wie Menschen kollektiv Wissen schaffen und teilen können.

Swarm Robotics: Schwarmrobotik ist ein Bereich der Robotik, bei dem eine Gruppe von Robotern zusammenarbeitet, um ein gemeinsames Ziel zu erreichen. Die Roboter kommunizieren miteinander und passen ihre Aktionen aneinander an, um ein effektives Verhalten zu erzielen. Swarm Robotics zeigt, wie Menschen Maschinen so programmieren können, dass sie wie ein Schwarm agieren und kollektiv arbeiten können.

Bürgerwissenschaft: Bei der Bürgerwissenschaft arbeiten Freiwillige zusammen, um wissenschaftliche Projekte zu unterstützen, indem sie Daten sammeln, analysieren und interpretieren. Die Freiwilligen können alles sein, von Amateuren bis hin zu Experten auf ihrem Gebiet. Bürgerwissenschaft zeigt, wie Menschen ihre Fähigkeiten und ihr Wissen einsetzen können, um wissenschaftliche Forschung zu unterstützen.

Robotik

Robotik – hier ist Schwarmintelligenz zu Hause

In der Robotik wird Schwarmintelligenz genutzt, um eine Gruppe von Robotern zu koordinieren, um gemei in der Logistik

können auch in der Logistik eingesetzt werden, um den Transport und die Lagerung von Waren zu verbessern. Schwarmroboter können beispielsweise in Lagerhäusern eingesetzt werden, um den Warenfluss zu optimieren und den Bestand zu verwalten.

Durch die Zusammenarbeit können Aufgaben zu gelöst werden, die für einen einzelnen Roboter schwierig oder unmöglich zu bewältigen wären.

Die Roboter können miteinander kommunizieren und Informationen austauschen, um Entscheidungen zu treffen und ihre Bewegungen und Aktionen zu koordinieren. Schwarmroboter sind flexibel und anpassungsfähig und können ihre Strategien an die sich ändernden Bedingungen anpassen.

Schwarmintelligenz in der Robotik bezieht sich auf die Art und Weise, wie Roboter zusammenarbeiten und miteinander interagieren, um eine bestimmte Aufgabe zu erfüllen.

Das Konzept des Schwarmintelligenz basiert auf der Beobachtung von typischen Schwarmtieren in der Natur, wie zum Beispiel Fischschwärmen, Vogelschwärmen oder Ameisenkolonien, die in der Lage sind, komplexe Aufgaben zu erledigen, indem sie miteinander kommunizieren und koordinieren.

In der Robotik können Schwarmintelligenz und kollektive Intelligenz genutzt werden, um

Roboter in der Lage zu versetzen, gemeinsam Aufgaben auszuführen, die ein einzelner Roboter nicht bewältigen kann.

Die Vorteile von Schwarmrobotern liegen darin, dass sie flexibler und effizienter sind als einzelne Roboter.

Wenn ein Roboter in Schwierigkeiten gerät oder ausfällt, kann ein anderer Roboter seine Aufgabe übernehmen und die Aufgabe des ausfallenden Roboters übernehmen. Dadurch wird die Zuverlässigkeit des Robotersystems erhöht.

Um Schwarmintelligenz in der Robotik zu erreichen, müssen Roboter miteinander kommunizieren und kooperieren. Dies erfordert eine geeignete Kommunikations- und Kontrollstrategie, die es den Robotern ermöglicht, ihre Positionen, Geschwindigkeiten und Aufgaben untereinander abzustimmen. Eine Möglichkeit, Schwarmverhalten in der

Robotik zu erreichen, besteht darin, dass die Roboter eine zentrale Steuerungseinheit nutzen, die ihnen Anweisungen gibt. Eine andere Möglichkeit ist die dezentrale Kontrolle, bei der jeder Roboter mit seinen Nachbarn kommuniziert und Entscheidungen auf der Grundlage von lokalen Informationen trifft.

Insgesamt hat das Konzept des Schwarmintelligenz in der Robotik großes Potenzial, um eine Vielzahl von Anwendungen zu unterstützen, die eine kooperative Zusammenarbeit von Robotern erfordern. Es gibt jedoch noch viele Herausforderungen bei der Umsetzung von Schwarmrobotern, wie zum Beispiel die Gewährleistung der Sicherheit und Zuverlässigkeit, die Optimierung der Kommunikations- und Kontrollstrategien sowie die Entwicklung von Algorithmen zur Entscheidungsfindung. und Aufgabenverteilung.

Überall (nahezu)

Schwarmroboter für Erkundung und Kartierung:

Schwarmroboter können beispielsweise in der Erkundung und Kartierung von unzugänglichen oder gefährlichen Gebieten eingesetzt werden. Indem sie miteinander kommunizieren und zusammenarbeiten, können sie eine detaillierte Karte des Gebiets erstellen und Informationen über die Umgebung sammeln, wie beispielsweise Bodenbeschaffenheit, Vegetation oder potenzielle Gefahrenquellen. Dies ist besonders nützlich bei der Erforschung von Katastrophengebieten oder bei der Suche nach Rohstoffen in abgelegenen Gebieten. Schwarmroboter können auch in der Meeresforschung eingesetzt werden, um den Meeresgrund und das Leben im Ozean zu erforschen, oder in der Luftfahrt, um das Wetter und Luftströmungen zu überwachen.

Durch die Verwendung von Schwarmrobotern kann eine größere Fläche in kürzerer Zeit erkundet werden, als es mit einzelnen Robotern möglich wäre, was die Effizienz erhöht und die Kosten senkt.

Schwarmroboter In der Landwirtschaft:

Ein Schwarmroboter kann in der Landwirtschaft eingesetzt werden, um eine genauere und effizientere Überwachung und Verwaltung von Anbauflächen zu ermöglichen. Schwarmroboter können beispielsweise mit Kameras und Sensoren ausgestattet werden, um die Gesundheit und das Wachstum von Pflanzen zu überwachen, Bodenanalysen durchzuführen oder um die Verteilung von Düngemitteln und Pestiziden zu optimieren. Auf diese Weise können Landwirte gezielter arbeiten und den Einsatz von Ressourcen wie Wasser und Chemikalien reduzieren. Darüber hinaus können Schwarmroboter auch bei der Ernte von Pflanzen oder beim Transport von Ernten eingesetzt werden, um den Prozess zu beschleunigen und zu optimieren.

Der Einsatz von Schwarmrobotern in der Landwirtschaft kann dazu beitragen, die Effizienz und Produktivität zu steigern,

den Arbeitsaufwand zu reduzieren und den Einsatz von Ressourcen und Chemikalien zu optimieren, was insgesamt zu einer nachhaltigeren Landwirtschaft beitragen kann.

Schwarmroboter in der Logistik

Schwarmroboter können Waren effizienter transportieren und stapeln, was den Platzbedarf reduziert und die Lagerung von mehr Waren ermöglicht. Schwarmroboter können auch bei der Auslieferung von Waren eingesetzt werden, indem sie beispielsweise Pakete auf einer vordefinierten Route zu einem bestimmten Zielort transportieren. Dies kann dazu beitragen, die Lieferzeit zu verkürzen, den Arbeitsaufwand zu reduzieren und den Einsatz von Fahrzeugen zu optimieren. Der Einsatz von Schwarmrobotern in der Logistik kann dazu beitragen, den Warenfluss zu verbessern und die Effizienz zu steigern, was insgesamt zu einer schnelleren und kosteneffizienteren Abwicklung von Lieferungen beitragen kann

Schwarmroboter in der Inspektion

können auch bei der Kontrolle von Gebäuden, Brücken, Rohrleitungen oder anderen Strukturen eingesetzt werden, um mögliche Schäden zu erkennen und zu beheben. Schwarmroboter können mit Sensoren und Kameras ausgestattet werden, um Bilder und Daten zu sammeln, die dann von Experten ausgewertet werden können, um potenzielle Probleme zu identifizieren. Durch die Zusammenarbeit können Schwarmroboter schneller und effizienter arbeiten, als es mit einzelnen Robotern möglich wäre. Dies kann dazu beitragen, Zeit und Kosten zu sparen und potenzielle Risiken zu minimieren.

Der Einsatz von Schwarmrobotern in der Inspektion kann dazu beitragen, die Sicherheit und Zuverlässigkeit von Strukturen zu erhöhen und potenzielle Schäden frühzeitig zu erkennen

Schwarmroboter bei Rettungseinsätzen

Schwarmroboter können beispielsweise bei der Suche nach Vermissten eingesetzt werden, indem sie das Gelände oder Gebäude durchkämmen und nach Anzeichen von Leben suchen. Schwarmroboter können auch bei der Inspektion von Trümmern nach Naturkatastrophen oder Unfällen eingesetzt werden, um potenzielle Opfer zu finden und zu retten. Durch die Zusammenarbeit können Schwarmroboter schneller und effizienter arbeiten, was dazu beitragen kann, Leben zu retten und die Zeit, die für die Suche benötigt wird, zu reduzieren. Der Einsatz von Schwarmrobotern in Rettungseinsätzen kann dazu beitragen, die Effizienz und Geschwindigkeit der Rettungsbemühungen zu erhöhen und das Risiko für Rettungskräfte zu minimieren.

Schwarmroboter in der Umweltüberwachung

können auch bei der Umweltüberwachung

eingesetzt werden, um die Auswirkungen des

Klimawandels, der Luftverschmutzung, des

Wasserverbrauchs und anderer

Umweltprobleme zu untersuchen.

Schwarmroboter können beispielsweise in der Luft, auf dem Wasser oder auf dem Boden eingesetzt werden, um Daten und Proben zu sammeln, die dann von Experten ausgewertet werden können,

um potenzielle Probleme zu identifizieren.

Durch die Zusammenarbeit können

Schwarmroboter schneller und effizienter

arbeiten, als es mit einzelnen Robotern

möglich wäre. Dies kann dazu beitragen, Zeit

und Kosten zu sparen und potenzielle Risiken

für die Umwelt zu minimieren. Der Einsatz von

Schwarmrobotern in der Umweltüberwachung

kann dazu beitragen, die Effektivität der

Überwachung zu erhöhen und das Verständnis

für Umweltprobleme zu verbessern, was letztendlich zu besseren Maßnahmen zur Bekämpfung dieser Probleme führen kann

Schwarmroboter im Verkehr

können eingesetzt werden, um den

Verkehrsfluss zu optimieren und

Verkehrsunfälle zu verhindern.

Schwarmroboter können beispielsweise als

Teil eines intelligenten Verkehrssystems

eingesetzt werden, um Verkehrsströme zu

überwachen, Verkehrsstaus zu erkennen und

alternative Routen vorzuschlagen. S

Schwamroboter könnn auch als autonome Fahrzeuge eingesetzt werden, die in der Lage sind, miteinander zu kommunizieren und koordiniert zu agieren, um den Verkehrsfluss zu optimieren.

Durch die Zusammenarbeit können

Schwarmroboter schneller und effizienter

arbeiten, als es mit einzelnen Robotern oder

menschlichen Verkehrskontrollen möglich

wäre. Der Einsatz von Schwarmrobotern im

Verkehr kann dazu beitragen, den Verkehr zu

reduzieren und den Verkehr zu erleichtern, was dazu beitragen kann, Zeit und Kosten zu sparen und die Sicherheit auf der Straße zu erhöhen.

Diese Anwendungen zeigen, dass Schwarmintelligenz in vielen Bereichen eingesetzt werden kann, um komplexe Aufgaben zu lösen. Schwarmroboter bieten eine Möglichkeit, die Effizienz und Flexibilität von Robotersystemen zu erhöhen, indem sie zusammenarbeiten und sich gegenseitig unterstützen.

Schwarmintelligenz in der autonomen Robotik

Schwarmintelligenzsysteme verwendet werden, um Roboter in gefährlichen oder unzugänglichen Umgebungen zu steuern.

Autonome Systeme sind technologische Systeme, die in der Lage sind, Entscheidungen zu treffen und Handlungen auszuführen, ohne die ständige menschliche Überwachung oder Kontrolle. Solche Systeme können auf Basis von Sensoren, Algorithmen und künstlicher Intelligenz (KI) entwickelt werden, um bestimmte Aufgaben oder Prozesse selbstständig zu erledigen.Autonome Systeme sind in verschiedenen Bereichen im Einsatz, einschließlich autonomer Fahrzeuge, autonome Drohnen, Robotik und automatisierte Produktionssysteme.

Diese Systeme können oft schneller und effizienter arbeiten als menschliche Arbeitskräfte und sind in der Lage, in Umgebungen zu arbeiten, die für den Menschen gefährlich oder unzugänglich sind.

Ein Beispiel für ein autonomes System sind selbstfahrende Autos. Diese Fahrzeuge sind in der Lage, ohne menschliches Eingreifen zu fahren, indem sie Sensoren und Algorithmen verwenden, um ihre Umgebung zu erfassen und Entscheidungen darüber zu treffen, wie sie sich am besten fortbewegen können. Andere Beispiele für autonome Systeme sind autonome Drohnen, die zur Inspektion von Anlagen und Infrastrukturen eingesetzt werden, sowie Roboter, die in Produktionsstätten zur Automatisierung von Prozessen eingesetzt werden.

Die Entwicklung von autonomen Systemen hat viele Vorteile, einschließlich der Reduzierung von menschlichen Fehlern, der Erhöhung der Produktivität und Effizienz, sowie der

Verbesserung der Sicherheit. Es gibt jedoch auch Bedenken bezüglich der Auswirkungen auf die Arbeitsplätze und die Privatsphäre, sowie der potenziellen ethischen Implikationen, die mit der Verwendung autonomer Systeme verbunden sind.

Insgesamt bietet die Entwicklung von autonomen Systemen viele Möglichkeiten, um Arbeitsprozesse effizienter und sicherer zu gestalten. Es ist jedoch wichtig, dass diese Technologien verantwortungsvoll entwickelt und eingesetzt werden, um sicherzustellen, dass ihre Auswirkungen auf die Gesellschaft und die Umwelt positiv sind.

Künstliche Intelligenz

Schwarmintelligenz und Künstliche Intelligenz

Schwarmintelligenz kann auch in der künstlichen Intelligenz (KI) eingesetzt werden, um komplexe Probleme zu lösen und Entscheidungen zu treffen. In der KI wird Schwarmintelligenz oft als eine Methode der Optimierung oder des maschinellen Lernens eingesetzt.

Eine Anwendung von Schwarmintelligenz in der KI ist das sogenannte Swarm Learning. Dabei arbeiten mehrere KI-Modelle zusammen, um gemeinsam ein Ziel zu erreichen.

Jedes Modell wird mit unterschiedlichen Daten trainiert, um verschiedene Aspekte eines Problems zu erfassen. Durch die Zusammenarbeit der Modelle können sie schnellere und präzisere Ergebnisse liefern als ein einzelnes Modell.

Ein weiteres Beispiel ist die Anwendung von

Schwarmintelligenz in der Bilderkennung. Hierbei können mehrere KI-Modelle gemeinsam arbeiten, um Objekte in Bildern zu identifizieren. Jedes Modell erkennt dabei unterschiedliche Aspekte des Objekts und kombiniert diese Informationen, um eine genauere Identifikation zu erreichen.

Auch bei der Steuerung von autonomen Systemen wie autonomen Fahrzeugen oder Drohnen kann Schwarmintelligenz eingesetzt werden. werden mehrere autonome Systeme zusammenarbeiten, um gemeinsam eine Aufgabe zu erfüllen, z.B. die Navigation durch den Verkehr oder die Erkennung von Hindernissen.

Schwarmintelligenz kann in der künstlichen Intelligenz dazu beitragen, komplexe Probleme zu lösen, die von einem einzelnen Modell nicht bewältigt werden können, und die Effizienz von KI-Systemen zu verbessern.

1. <u>Verkehrssteuerung</u>: Schwarmintelligenz kann in der Verkehrssteuerung angewendet werden, um Verkehrsströme zu optimieren und Staus zu reduzieren.

2. <u>Energieverwaltung</u>: Schwarmintelligenz kann in der Energieverwaltung angewendet werden, um die Effizienz von Stromnetzen zu verbessern, indem sie intelligente Energiemanagementsysteme nutzt, um Stromverbrauch und Erzeugung in Echtzeit zu steuern.

3. <u>Finanzwesen</u>: Schwarmintelligenz kann im Finanzwesen angewendet werden, um komplexe Datenmuster zu analysieren und Risiken zu minimieren, indem sie automatisierte Handelsalgorithmen verwendet, um Entscheidungen zu

treffen.

4. Biologie: Schwarmintelligenz hat Anwendungen in der Biologie, indem sie zur Erforschung von Schwarmverhalten von Tieren und Insekten verwendet wird, um zu verstehen, wie sie kommunizieren, sich organisieren und Nahrungsquellen finden.

5. Social Media: Schwarmintelligenz kann in sozialen Medien verwendet werden, um die Aktivitäten von Benutzern zu analysieren und personalisierte Empfehlungen und Inhalte zu liefern.

6. Logistik: Schwarmintelligenz kann in der Logistik angewendet werden, um Lieferungen und Transporte zu optimieren, indem sie intelligente Routenplanung und Konsolidierung

von Aufträgen verwendet, um die Effizienz zu verbessern.

Diese Anwendungen zeigen, dass Schwarmintelligenz in einer Vielzahl von Bereichen genutzt werden kann, um komplexe Probleme zu lösen und Effizienz und Effektivität zu verbessern.

Schwarmintelligenz in der Politik

Schwarmintelligenz kann in der Politik beobachtet werden, wenn Menschen aufgrund gemeinsamer Überzeugungen, Werte oder Emotionen zusammenkommen und als Gruppe handeln.

Das kann in verschiedenen Situationen auftreten, zum Beispiel bei Protesten, Kundgebungen oder Wahlkampagnen.

In politischen Kontexten kann Schwarmintelligenz sowohl positive als auch negative Auswirkungen haben. Auf der positiven Seite kann sie dazu beitragen, dass eine Gruppe von Menschen ihre Ziele und Forderungen effektiver kommunizieren und umsetzen kann, da sie gemeinsam agieren und ihre Ressourcen bündeln. Schwarmintelligenz kann auch dazu führen,

71

dass politische Bewegungen wachsen und

sich stärker vernetzen.

Auf der negativen Seite kann Schwarmintelligenz dazu führen, dass Menschen ihre individuelle Verantwortung und Unabhängigkeit aufgeben und sich blind einer Gruppe anschließen,

ohne kritisch zu hinterfragen, was sie tut.

Das kann zu gefährlichen Situationen

führen, wenn Menschen zu aggressivem

oder gewalttätigem Verhalten neigen, um

ihre Ziele zu erreichen. Es ist daher wichtig,

dass politische Bewegungen und Gruppen

auf eine ethische und

verantwortungsbewusste Art und Weise

agieren und die individuellen Freiheiten und

Rechte aller Beteiligten

Schwarmintelligenz in der Religion

Schwarmintelligenz in der Religion beschreibt das Phänomen, dass Menschen in Gruppen handeln und oft religiösen Überzeugungen und Praktiken folgen. Dieses Verhalten kann sowohl positiv als auch negativ sein.

Auf der positiven Seite kann Schwarmverhalten in der Religion dazu führen, dass Menschen eine gemeinsame spirituelle Praxis teilen und sich gegenseitig unterstützen und ermutigen.

Es kann auch dazu beitragen, dass Menschen in schwierigen Zeiten Trost und Unterstützung finden und sich in ihrer Gemeinschaft geborgen und unterstützt fühlen.

Auf der negativen Seite kann Schwarmverhalten in der Religion dazu führen, dass Menschen kritische Denkfähigkeiten unterdrücken und sich einer dogmatischen oder fundamentalistischen

Sichtweise anschließen. Das kann dazu führen, dass Menschen andere Religionen oder Überzeugungen ablehnen oder sogar bekämpfen, was zu Intoleranz, Diskriminierung und Konflikten führen kann.

Es ist wichtig zu betonen, dass nicht alle religiösen Gruppen Schwarmverhalten zeigen und dass es wichtig ist, eine gesunde Balance zwischen Gemeinschaft und individueller Freiheit und Verantwortung zu finden. Eine verantwortungsbewusste Religionsausübung sollte auf Toleranz, Respekt und Mitgefühl basieren und Menschen ermutigen, kritisch zu denken und ihre eigenen Entscheidungen zu treffen, während sie gleichzeitig Unterstützung und Gemeinschaft in ihrer spirituellen Praxis finden.

Schwarmintelligenz in der Wirtschaft

Schwarmintelligenz wird auch in der Wirtschaft eingesetzt, um komplexe Aufgaben effizienter zu lösen. Hier sind einige Anwendungen von Schwarmintelligenz in der Wirtschaft:

Crowdworking: Unternehmen können auf Crowdsourcing-Plattformen eine Vielzahl von Aufgaben an eine große Gruppe von Freelancern verteilen.

Jeder Einzelne kann dann eine kleine Aufgabe übernehmen, und das Ergebnis wird durch den Schwarm zusammengeführt.

Swarm Robotics: In der Robotik kann Schwarmintelligenz eingesetzt werden, um ein Team von Robotern zu koordinieren, um Aufgaben wie

Lagerhaltung, Logistik oder Fertigung zu erledigen.

Aktienhandel: Hedgefonds und andere institutionelle Investoren nutzen Schwarmintelligenz, um die Märkte zu analysieren und Handelsentscheidungen zu treffen. Die Idee ist, dass eine Gruppe von Investoren in der Lage ist, schnell und effektiv auf Marktveränderungen zu reagieren, indem sie Informationen teilen und Entscheidungen gemeinsam treffen.

Künstliche Intelligenz: KI-Systeme können auf Basis von Machine-Learning-Algorithmen Daten von vielen verschiedenen Quellen sammeln und analysieren, um bessere Entscheidungen zu treffen. Diese Systeme können beispielsweise verwendet werden, um den Verkehr in einer Stadt zu steuern, indem sie Daten von Sensoren, GPS-Systemen und anderen Quellen sammeln und die Informationen verwenden, um die Verkehrsströme zu optimieren.

Crowdfunding: Schwarmfinanzierung, oder Crowdfunding, ist eine weitere Anwendung von Schwarmintelligenz in der Wirtschaft. Unternehmen können ihre Projekte auf Crowdfunding-Plattformen präsentieren und von einer Vielzahl von Personen unterstützt werden, die kleine Beträge spenden.

Internet
und
Social Media

Schwarmintelligenz im Internet

Schwarmintelligenz im Internet bezieht sich
auf das kollektive Verhalten von Menschen im
digitalen Raum. Es gibt eine Vielzahl von
Situationen, in denen Menschen im Internet in
Gruppen interagieren und zusammenarbeiten,
um ein gemeinsames Ziel zu erreichen oder
eine bestimmte Aufgabe zu erledigen.

**Ein Beispiel für Schwarmintelligenz im Internet
sind soziale Medien. Hier können Benutzer
Inhalte teilen und diskutieren, um Trends und
Themen zu schaffen, die viele Menschen
ansprechen.**

Diese Interaktionen können zu einem
kollektiven Bewusstsein führen, das dazu
beitragen kann, politische Bewegungen,
kulturelle Veränderungen oder sogar
wirtschaftliche Auswirkungen zu schaffen.

Schwarmintelligenz im Internet hat viele
Vorteile, darunter die Möglichkeit, schnell und

effektiv große Gruppen von Menschen zu mobilisieren und Informationen zu verbreiten. Es kann auch zur Schaffung von gemeinschaftlichen Projekten und innovativen Ideen führen.

Allerdings gibt es auch Herausforderungen wie zum Beispiel die Verbreitung von Falschinformationen oder das Auftreten von Mobbing oder Hassreden in Online-Communitys. Es ist wichtig, die Auswirkungen des Schwarmverhaltens auf die Gesellschaft und die individuellen Freiheiten im Internet zu verstehen und entsprechende Maßnahmen zu ergreifen, um sicherzustellen, dass das Schwarmintelligenz im Internet positiv und produktiv bleibt.

Schwarmintelligenz und Social Media

Schwarmintelligenz, auch bekannt als Kollektive Intelligenz, bezieht sich auf die Fähigkeit von Gruppen, intelligentere Entscheidungen zu treffen als ein einzelnes Mitglied der Gruppe. In Bezug auf Social Media bedeutet dies, dass die Nutzer der Plattformen durch ihre Interaktion und Zusammenarbeit in der Lage sind, gemeinsam bessere Ergebnisse zu erzielen als es ein einzelner Nutzer könnte.

Ein gutes Beispiel dafür ist die Nutzung von Social Media bei der Suche nach vermissten Personen. Indem Tausende von Nutzern Bilder und Informationen teilen, können sie viel schneller und effektiver nach einer vermissten Person suchen als eine kleine Gruppe von Suchteams.

Ein weiteres Beispiel ist die Zusammenarbeit

bei der Lösung von Problemen oder

Herausforderungen.

Crowdsourcing-Projekte, bei denen eine große Anzahl von Menschen Ideen und Lösungen beitragen, können zu innovativen Lösungen führen, die sonst nicht möglich wären.

Allerdings gibt es auch einige

Herausforderungen, wenn es um

Schwarmintelligenz in den sozialen Medien

geht. Zum Beispiel können Fehlinformationen

und Vorurteile durch die Macht der Gruppe

verstärkt werden. Es ist daher wichtig, kritisch

zu denken und sorgfältig zu prüfen, bevor man

sich auf eine Entscheidung oder einen

Lösungsweg verlässt, der von einer großen

Gruppe vorgeschlagen wurde.

i

Das Internet entstand in den 1960er Jahren

als ein Netzwerk von Computern, das dazu

diente, Informationen zwischen verschiedenen

Universitäten und Forschungseinrichtungen

auszutauschen.

In den 1990er Jahren wurde das World Wide Web entwickelt, das die Benutzerfreundlichkeit des Internets erheblich verbesserte und den Zugang zu Informationen und Diensten für den durchschnittlichen Nutzer erleichterte.

Social Media, wie wir es heute kennen, entwickelten sich in den 2000er Jahren, als Plattformen wie MySpace, LinkedIn, Facebook und Twitter aufkamen. Diese Plattformen boten den Benutzern die Möglichkeit, sich online zu vernetzen, Inhalte zu teilen und miteinander zu kommunizieren.

Die Auswirkungen des Internets auf Social Media sind vielfältig. Einerseits hat das Internet die Verbreitung von Social Media erleichtert, indem es die notwendigen technischen Voraussetzungen geschaffen hat. Andererseits haben Social Media das

Internet selbst stark beeinflusst, indem sie eine enorme Menge an Inhalten generiert haben und den Austausch von Informationen und Meinungen erleichtert haben.

Ein wichtiger Effekt von Social Media auf die Gesellschaft ist die Möglichkeit, schnell und einfach mit anderen in Kontakt zu treten und sich zu vernetzen. Dies kann sowohl positive als auch negative Auswirkungen haben. Auf der einen Seite kann es dazu beitragen, Freundschaften und berufliche Beziehungen zu pflegen und neue Kontakte zu knüpfen. Auf der anderen Seite kann es aber auch zu Cyber-Mobbing, Fake News und anderen Formen von Missbrauch führen.

Ein weiterer wichtiger Effekt von Social Media ist die Möglichkeit, Informationen und Meinungen schnell und einfach zu verbreiten.

Dies kann dazu beitragen, eine breitere Öffentlichkeit für bestimmte Themen zu sensibilisieren und politischen Aktivismus zu fördern. Allerdings kann es auch dazu führen, dass Falschinformationen und Verschwörungstheorien verbreitet werden und es schwieriger wird, zwischen wahren und falschen Informationen zu unterscheiden.

Insgesamt hat das Internet die Entstehung von Social Media ermöglicht und diese haben wiederum das Internet selbst verändert. Die Auswirkungen von Social Media auf die Gesellschaft sind vielfältig und komplex und werden weiterhin diskutiert und erforscht.

Auswirkungen von Social Media

Social Media hat eine große Auswirkung auf die Gesellschaft, sowohl positive als auch negative. Hier sind einige Beispiele:

Positiv:

1. Verbindungen: Social Media ermöglicht es Menschen, Verbindungen zu knüpfen und Freundschaften aufzubauen, die sie sonst vielleicht nie gehabt hätten. Es erleichtert die Kommunikation zwischen Freunden, Familie und Geschäftspartnern.

2. Informationsaustausch: Social Media bietet eine Plattform für den Austausch von Informationen. Benutzer können sich über

Nachrichten, Ereignisse und Meinungen austauschen und ihre Gedanken und Ideen teilen.

3. Awareness: Social Media hat dazu beigetragen, Bewusstsein für eine Vielzahl von sozialen Themen und politischen Themen zu schaffen, indem es Menschen zusammenbringt und eine Plattform bietet, um sich auszutauschen und zu engagieren.

Negativ:

1. Cybermobbing: Social Media hat dazu beigetragen, dass Cybermobbing in einem beispiellosen Ausmaß stattfindet. Menschen können anonym und ohne Konsequenzen beleidigen, bedrohen oder belästigen.

2. Sucht: Social Media kann süchtig machen. Der ständige Drang, Likes

und Kommentare zu erhalten, kann zu einem übermäßigen Gebrauch führen, der sich negativ auf die geistige Gesundheit auswirkt.

3. Filterblasen: Social Media ermöglicht es Benutzern, Inhalte auszuwählen, die ihren Überzeugungen und Interessen entsprechen. Dies kann dazu führen, dass Benutzer in einer "Filterblase" gefangen sind, in der sie nur mit Meinungen und Informationen konfrontiert werden, die ihre bereits bestehenden Überzeugungen bestätigen, und nicht mit verschiedenen Perspektiven und Standpunkten konfrontiert werden.

Insgesamt hat Social Media erheblichen Einfluss auf die Gesellschaft. Es ist wichtig, sich bewusst zu sein, wie man es nutzt und wie es sich auf unser Leben auswirkt.

Schwarmintelligenz ist einfach natürlich

Schwarmintelligenz hat in der Natur und in menschlichen Gesellschaften eine große Bedeutung. Die wichtigsten Aspekte:

Schutz: Viele Tierarten bilden Schwärme, um sich vor Feinden zu schützen. Durch die Koordination und die enge Zusammenarbeit innerhalb des Schwarms können die einzelnen Tiere schneller auf Bedrohungen reagieren und sich besser verteidigen.

Nahrungssuche: Schwärme von Tieren wie zum Beispiel Fischen oder Vögeln können gemeinsam effizienter Nahrung suchen und erbeuten.

Fortpflanzung: Einige Tierarten bilden Schwärme während der Paarungszeit, um Partner zu finden und sich zu paaren.

Zusammenarbeit: Schwarmverhalten kann in der Zusammenarbeit von Menschen und Gruppen eingesetzt werden, um gemeinsame

Ziele zu erreichen und Probleme zu lösen. Beispiele dafür sind die kooperative Arbeit von Teams, die auf komplexe Aufgaben wie die Entwicklung von Software oder die Durchführung von Rettungseinsätzen spezialisiert sind.

<u>Entscheidungsfindung</u>: Schwarmintelligenz kann bei der Entscheidungsfindung eingesetzt werden, indem eine Gruppe von Menschen kooperativ arbeitet, um komplexe Probleme zu lösen.

<u>Soziale Dynamik</u>: Schwarmverhalten kann auch dazu beitragen, die Ausbreitung von Informationen in sozialen Netzwerken zu intensivieren,.Insgesamt kann das Verständnis des Schwarmverhaltens in der Natur und in menschlichen Gesellschaften dazu beitragen, effektivere und effizientere Lösungen für Probleme zu entwickeln und umzusetzen.

Tierwelt

Schwarmintelligenz in der Tierwelt

Schwarmintelligenz in der Tierwelt beschreibt das kollektive Verhalten von Gruppen von Tieren oder Insekten, die gemeinsam komplexe Aufgaben lösen können, die ein einzelnes Individuum nicht bewältigen könnte.

In der Tierwelt gibt es viele Mechanismen, die zur Schwarmintelligenz beitragen, wie z.B. die Kommunikation zwischen den Mitgliedern, die Fähigkeit, Entscheidungen zu treffen und ihre Bewegungen und Handlungen zu koordinieren. Schwarmintelligenz in der Biologie kann uns helfen, das Verhalten von Tieren und Insekten besser zu verstehen und kann uns inspirieren, Schwarmintelligenz in der Technologie und anderen Bereichen anzuwenden.

Die Intelligenz und Schwarmintelligenz von Ameisen

Ameisen sind erstaunlich intelligente Insekten,
die für ihre Fähigkeit bekannt sind, komplexe
soziale Strukturen und Verhaltensweisen zu
zeigen. Obwohl jede einzelne Ameise nur über
begrenzte kognitive Fähigkeiten verfügt, ist die
kollektive Intelligenz der gesamten
Ameisenkolonie erstaunlich.

**Eine der beeindruckendsten Fähigkeiten von
Ameisen ist ihre Fähigkeit, in großen Gruppen
zusammenzuarbeiten, um komplexe Aufgaben
zu erledigen.**

Zum Beispiel können sie zusammenarbeiten,
um ein Nest zu bauen, Futter zu suchen und
zu sammeln oder Feinde abzuwehren. Dies
erfordert ein hohes Maß an Koordination und
Kommunikation innerhalb der Kolonie.

Ameisen können auch Entscheidungen
treffen, indem sie Informationen aus ihrer
Umgebung sammeln und diese Informationen

mit anderen Ameisen teilen. Zum Beispiel können sie mithilfe von Pheromonen Spuren hinterlassen, um den Weg zu einer Nahrungsquelle zu markieren oder andere Ameisen zu warnen, wenn sie Gefahr wittern.

Darüber hinaus können Ameisen lernen und sich anpassen, um sich an neue Bedingungen anzupassen. Zum Beispiel können sie lernen, neue Nahrungsquellen zu finden oder sich an Veränderungen in ihrer Umgebung anzupassen.

Insgesamt zeigen Ameisen eine erstaunliche kollektive Intelligenz, die auf ihrer Fähigkeit zur Zusammenarbeit und Koordination beruht.

Ameisen arbeiten zusammen, um Nahrung zu sammeln, ihren Bau zu pflegen und sich gegen Feinde zu verteidigen. Sie nutzen Pheromone, um miteinander zu kommunizieren und ihr Verhalten zu koordinieren.

Ameisen sind in der Lage, Nahrung zu finden, ihre Kolonie zu verteidigen und ihre Umgebung zu erkunden, indem sie ihre Bewegungen koordinieren und Informationen miteinander teilen.

Sie nutzen Pheromone, um miteinander zu kommunizieren. Indem sie diese Duftstoffe absondern und aufspüren,

können Informationen über Nahrung oder Gefahren übermitteln und ihren Weg zurück zur Kolonie finden.

Ameisen können auch komplexe Aufgaben wie den Bau eines Nests oder die Verteidigung ihrer Kolonie gegen Eindringlinge bewältigen. Indem sie ihre Fähigkeiten koordinieren und zusammenarbeiten, können sie auch in schwierigen Umgebungen wie Wasser oder auf unebenem Gelände erfolgreich sein.

Die Schwarmintelligenz von Ameisen hat auch in der Technologie und der Robotik Anwendung gefunden. Zum Beispiel können Algorithmen, die auf der Schwarmintelligenz von Ameisen basieren, zur Optimierung von Datenverarbeitungsprozessen eingesetzt werden.

In der Robotik können Schwarmroboter eingesetzt werden, die sich ähnlich wie Ameisen koordinieren und zusammenarbeiten können, um eine Aufgabe zu erledigen.

Insgesamt zeigen Ameisen, wie durch die Zusammenarbeit von vielen einfachen Lebewesen komplexe Aufgaben gelöst werden können, die ein einzelnes Individuum nicht bewältigen könnte.

Die Intelligenz und Schwarmintelligenz von Bienen

Bienen besitzen eine bemerkenswerte Intelligenz. Als soziale Insekten leben Bienen in großen Kolonien und müssen zusammenarbeiten, um ihre Aufgaben zu erfüllen und ihr Überleben zu sichern.

Eine der bemerkenswertesten Fähigkeiten von Bienen ist ihre Fähigkeit, komplexe Tanzbewegungen auszuführen, um anderen Bienen die Lage von Nahrungsquellen zu zeigen. Diese sogenannte Schwänzeltanz-Kommunikation ermöglicht es den Bienen, sich zu koordinieren und gemeinsam Nahrungsquellen zu finden.

Darüber hinaus sind Bienen in der Lage, komplexe Navigationsaufgaben zu lösen. Sie verwenden eine Kombination aus Sonnenstand, Magnetfeldern und

Landmarken, um sich zu orientieren und zurück zum Bienenstock zu finden.

Bienen sind auch in der Lage, kollektive Entscheidungen zu treffen. Zum Beispiel, wenn es um die Wahl des nächsten Nistplatzes geht, stimmen die Bienen durch einen Prozess der sogenannten Schwarmintelligenz ab und entscheiden dann gemeinsam, wo sie sich niederlassen werden.

Bienen sind ein weiteres bekanntes Beispiel für Schwarmintelligenz in der Biologie. Bienen leben in staatenbildenden Insektenkolonien, die aus bis zu mehreren zehntausend Individuen bestehen.

Ähnlich wie bei Ameisen haben auch Bienen begrenzte Fähigkeiten und Wissen als einzelne Individuen, aber durch ihre Zusammenarbeit und Kommunikation können sie komplexe Aufgaben bewältigen.

Bienen nutzen Pheromone und Tänze, um

miteinander zu kommunizieren und Informationen über die Lage von Nahrungsquellen oder geeigneten Plätzen für einen neuen Bienenstock auszutauschen. Die Bienenschwärme sind in der Lage, eine kollektive Entscheidung darüber zu treffen, wo ein neuer Bienenstock gebaut werden soll, und dann zusammenzuarbeiten, um den Bienenstock zu bauen.

Bienen nutzen auch ihre Schwarmintelligenz, um ihre Kolonie vor Gefahren zu schützen. Wenn eine Biene eine Bedrohung bemerkt, gibt sie einen Alarmgeruch ab, der andere Bienen dazu veranlasst, sich zu verteidigen. Die Bienen arbeiten zusammen, um Eindringlinge abzuwehren und ihre Kolonie zu schützen.

Die Schwarmintelligenz von Bienen hat auch in der Technologie und der Robotik Anwendung gefunden. Zum Beispiel können

Algorithmen, die auf der Schwarmintelligenz von Bienen basieren, in der Robotik eingesetzt werden, um autonome Schwarmroboter zu entwickeln, die koordinierte Aufgaben ausführen können.

Ein bemerkenswertes Beispiel für Schwarmverhalten bei Bienen ist der Schwarmprozess selbst. Wenn eine Honigbiene-Kolonie wächst und das Nest zu klein wird, entscheidet sich ein Teil der Bienen, das Nest zu verlassen und ein neues zu gründen. Dieser Vorgang wird als Schwarmbildung bezeichnet und beginnt damit, dass die Bienen, die das Nest verlassen wollen, eine geeignete Stelle für ein neues Nest suchen. Sobald sie eine geeignete Stelle gefunden haben, bilden sie einen Schwarm und fliegen gemeinsam zum neuen Nestort.

Ein weiteres Beispiel für Schwarmintelligenz

bei Bienen ist, wenn sie Nahrung suchen.

Einzelne Bienen werden ausgesendet, um Nahrung zu finden, und kehren dann zum Bienenstock zurück, um die Position der Nahrungsquelle mit anderen Bienen zu teilen. Die anderen Bienen in der Kolonie folgen dann der Duftspur der Pheromone, um die Nahrungsquelle zu finden und zu ernten.

Bienen zeigen auch Schwarmintelligenz, wenn sie ihr Nest verteidigen müssen. Wenn ein Feind das Nest angreift, können die Bienen schnell zusammenkommen, um es zu verteidigen.

Sie arbeiten zusammen, um den Feind zu attackieren und aus der Nähe des Nestes zu vertreiben.

Insgesamt zeigt das Schwarmintelligenz bei Bienen, wie Tiere in einer Kolonie zusammenarbeiten, um komplexe Aufgaben zu bewältigen und sich auf Verä

Die Schwarmintelligenz von Bienen hat wichtige Implikationen für die Wissenschaft und die Technologie. Die Erforschung ihrer Intelligenz kann uns helfen, ihre Bedürfnisse besser zu verstehen und bessere Maßnahmen zum Schutz ihrer Lebensräume und ihrer Artenvielfalt zu ergreifen. Bienen können auch als Modellsysteme für künstliche Intelligenz und Robotik dienen, da sie als Inspiration für autonome Roboter und andere intelligente Systeme dienen können.

Insgesamt zeigen Bienen, wie durch Zusammenarbeit und Kommunikation komplexe Aufgaben bewältigt werden können, die ein einzelnes Individuum nicht bewältigen könnte. Ihre Fähigkeit zur Zusammenarbeit hat auch in der Technologie und der Robotik Anwendung gefunden.

Die Intelligenz und Schwarmintelligenz von Heuschrecken

Heuschrecken haben ein relativ einfaches Nervensystem und sind nicht so bekannt für ihre Intelligenz im Vergleich zu anderen Insekten wie Bienen oder Ameisen. Sie haben jedoch bestimmte Fähigkeiten, die auf ihre Anpassungsfähigkeit an ihre Umgebung hinweisen.

Eine wichtige Fähigkeit von Heuschrecken ist ihre Fähigkeit, schnell und genau Beute zu lokalisieren und zu fangen. Dies erfordert ein gewisses Maß an kognitiven Fähigkeiten, einschließlich einer guten visuellen Wahrnehmung, schneller Reaktionen und einer genauen Koordination ihrer Beinbewegungen.

Einige Arten von Heuschrecken können auch komplexe Bewegungen ausführen, um Raubtieren auszuweichen, indem sie schnell fliegen oder in verschiedenen Richtungen springen. Diese Fähigkeit zeigt, dass Heuschrecken in der Lage sind, schnelle Entscheidungen zu treffen und sich an neue Situationen anzupassen.

Insgesamt haben Heuschrecken zwar nicht die komplexe Intelligenz von Bienen oder anderen Insekten, aber sie verfügen über spezialisierte Fähigkeiten, die ihnen helfen, in ihrer Umgebung zu überleben.

Heuschrecken sind Insekten, die in Schwärmen leben und sich in der Regel von Pflanzen ernähren. Wenn Heuschrecken in großen Schwärmen auftreten, können sie erheblichen Schaden an landwirtschaftlichen Nutzpflanzen verursachen.

Die Schwarmintelligenz von Heuschrecken ermöglicht es ihnen, koordinierte Bewegungen durchzuführen und als Gruppe zu agieren, um

Nahrung zu finden oder sich vor Raubtieren zu schützen. Wenn eine Heuschrecke eine Bedrohung wahrnimmt, kann sie durch schnelle Bewegungen oder Lärm andere Heuschrecken im Schwarm alarmieren, die sich dann schnell als Gruppe bewegen, um der Bedrohung zu entkommen.

In den letzten Jahren haben Wissenschaftler die Schwarmintelligenz von Heuschrecken untersucht, um autonome Roboter-Schwärme zu entwickeln, die koordinierte Aufgaben ausführen können.

Diese Forschung hat gezeigt, dass die Schwarmintelligenz von Heuschrecken in der Robotik nützlich.sein kann, um Probleme wie die Suche nach Überlebenden in Trümmern oder die Inspektion von Landwirtschaftsflächen zu lösen.

Insgesamt zeigen Heuschrecken, wie Schwarmintelligenz eingesetzt werden kann, um komplexe Aufgaben zu bewältigen.

Die Intelligenz und Schwarmintelligenz von Fischen

Fischschwärme zeigen ein bemerkenswertes Verhalten, das auf dezentralisierten Entscheidungen basiert, die durch die Interaktion zwischen den einzelnen Fischen in der Gruppe koordiniert werden.

Fischschwärme können schnell und flexibel auf Änderungen ihrer Umgebung reagieren, wie z.B. auf das Auftauchen von Raubtieren oder auf Veränderungen der Strömungsbedingungen.

Obwohl Fische als Individuen relativ einfach strukturiert sind, können sie als Gruppe komplexe Verhaltensmuster erzeugen, die als Schwarmintelligenz bezeichnet werden können. Diese Schwarmintelligenz kann als eine Art kollektiver Intelligenz betrachtet werden, die es den Fischen ermöglicht, gemeinsam Entscheidungen zu treffen und

Aufgaben zu erledigen, die kein einzelnes Individuum alleine bewältigen könnte.

Ein Beispiel für Schwarmintelligenz bei Fischen ist das Verhalten von Sardinen, die in großen Schwärmen durch das offene Meer ziehen. Diese Schwärme sind in der Lage, auf die Bewegungen und Signale anderer Fische zu reagieren und so ein koordiniertes Verhalten zu erzeugen, das es ihnen ermöglicht, Raubtieren auszuweichen und effizient nach Nahrung zu suchen.

Insgesamt zeigt das Verhalten von Fischschwärmen, dass auch Tiere mit vergleichsweise einfachen Gehirnen in der Lage sind, komplexe Verhaltensmuster zu erzeugen und gemeinsam intelligente Entscheidungen zu treffen.

Die Schwarmintelligenz von Fischschwärmen

ist ein faszinierendes Phänomen, das seit langem von Wissenschaftlern untersucht wird. Ein Fischschwarm besteht aus einer Gruppe von Fischen, die eng zusammen schwimmen und in einer koordinierten Art und Weise manövrieren. Dieses Verhalten ist von Vorteil für die Fische, da es ihnen hilft, sich vor Raubtieren zu schützen und ihre Nahrungsquellen effizienter zu nutzen.

Es gibt verschiedene Theorien darüber, wie Fischschwärme koordiniert werden. Eine Theorie besagt, dass die Fische durch visuelle Signale wie die Position und Bewegung anderer Fische im Schwarm navigieren. Eine andere Theorie besagt, dass die Fische ihre Schwimmrichtung anhand von chemischen Signalen ausrichten, die von anderen Fischen abgegeben werden. Es wird auch vermutet, dass Fischschwärme ein "Führungsverhalten" aufweisen, bei dem bestimmte Fische die Richtung des

Schwarmes vorgeben.

Unabhängig von der genauen Ursache für das Schwarmverhalten scheint es, dass die Fische in der Lage sind, aufeinander abgestimmt zu handeln und schnell auf Veränderungen in ihrer Umgebung zu reagieren.

Diese Fähigkeit hat auch das Interesse von

Forschern geweckt, die versuchen, sie auf die

Entwicklung von autonomen Robotern

anzuwenden, die in Gruppen arbeiten

müssen.

Insgesamt ist das Schwarmverhalten von

Fischen ein interessantes Forschungsgebiet,

das unser Verständnis von kollektivem

Verhalten und Gruppendynamik erweitert.

Fische nutzen auch Schwarmintelligenz, um

sich zu orientieren und zu navigieren. Sie sind

in der Lage, die Bewegungen anderer Fische

im Schwarm zu beobachten und auf diese

Weise zu entscheiden, in welche Richtung sie

schwimmen sollen. Dadurch können sie
Hindernisse umgehen und gemeinsam ihr Ziel
erreichen.

Die Schwarmintelligenz von Fischen wird auch in der Robotik untersucht, um autonome Schwärme von Robotern zu entwickeln, die komplexe Aufgaben ausführen können.

Zum Beispiel könnten autonome Roboter-
Schwärme eingesetzt werden, um
Unterwasserexplorationen durchzuführen
oder Unterwassersensoren zu platzieren.

Insgesamt zeigen Fische, wie
Schwarmintelligenz in der Natur eingesetzt
wird, um komplexe Aufgaben wie die Suche
nach Nahrung und die Navigation in einer
Gruppe zu lösen. Diese Prinzipien werden
auch in der Robotik untersucht, um autonome
Systeme zu entwickeln, die koordinierte
Aufgaben ausführen können.

Die Intelligenz und Schwarmintelligenz von Vögeln

Einige Beispiele für die Intelligenz von Vogelschwärmen sind:

- Flugmuster: Vogelschwärme können koordinierte Flugmuster bilden, um Hindernissen auszuweichen und sich zu orientieren. Sie sind in der Lage, schnell auf Veränderungen in der Umgebung zu reagieren und sich an neue Bedingungen anzupassen.

- Nahrungssuche: Vogelschwärme können gemeinsam auf Nahrungssuche gehen und koordiniert jagen. Einige Arten von Vögeln, wie zum Beispiel Stare, können sich in der Luft um einen Schwarm von Insekten herum bewegen und so koordiniert Nahrung sammeln.

- Schutz: Vogelschwärme können sich

auch koordinieren, um sich vor Raubtieren zu schützen. Einige Arten von Vögeln können sich schnell zusammenballen und so den Raubtieren entkommen oder sie abwehren.

Vögel sind ein weiteres Beispiel für Schwarmintelligenz in der Biologie. Einige Vogelarten, wie zum Beispiel Schwärme von Staren oder Sittichen, können in großen Gruppen fliegen, die als Vogelschwärme bezeichnet werden.

Diese Schwärme nutzen Schwarmintelligenz, um sich zu orientieren, Raubtieren auszuweichen und gemeinsam zu jagen.

Die Schwarmintelligenz von Vögeln ermöglicht es ihnen, als Gruppe zu fliegen, um Energie zu sparen und Raubtieren auszuweichen. Indem sie in einem Schwarm fliegen, können sie ihre Geschwindigkeit und Richtung schnell ändern, um Hindernissen oder Feinden auszuweichen. Durch diese koordinierte Bewegung können sie auch Raubtiere verwirren und so ihre Überlebenschancen erhöhen.

Vögel nutzen auch Schwarmintelligenz, um gemeinsam nach Nahrung zu suchen.

Zum Beispiel können Schwärme von Seevögeln gemeinsam nach Fischschwärmen jagen und dabei koordinierte Bewegungen ausführen, um Beute zu fangen. Indem sie als Gruppe jagen, können sie ihre Chancen auf eine erfolgreiche Jagd erhöhen.

Die Schwarmintelligenz von Vögeln wird auch in der Robotik untersucht, um autonome Schwärme von Robotern zu entwickeln, die komplexe Aufgaben ausführen können. Zum Beispiel könnten autonome Roboter-Schwärme eingesetzt werden, um Aufgaben wie die Überwachung von Gebieten oder die Erkundung von unzugänglichen Orten durchzuführen.

Insgesamt zeigen Vögel, wie Schwarmintelligenz in der Natur eingesetzt wird, um komplexe Aufgaben wie die Navigation, die Jagd oder die Überlebensstrategien in einer Gruppe zu lösen. Diese Prinzipien werden auch in der Robotik untersucht, um autonome Systeme zu entwickeln, die koordinierte Aufgaben ausführen können.

Ein bemerkenswertes Merkmal von Vogelschwärmen ist ihre Fähigkeit, komplexe Muster zu erzeugen, die auf einer koordinierten Interaktion zwischen den einzelnen Vögeln in der Gruppe basieren. Zum Beispiel können sie gemeinsam akrobatische Manöver fliegen, die als Murmurationen bezeichnet werden.

Diese Schwarmverhaltensweisen bei Vögeln sind das Ergebnis einer Kombination von verschiedenen Faktoren, darunter visuelle und akustische Kommunikation, das Ausnutzen von Luftströmungen und dem Abgleich von Flugrhythmen.

Die Vögel reagieren schnell und flexibel auf Änderungen in der Umgebung und können gemeinsam entscheiden, wie sie am besten auf eine Bedrohung oder eine Veränderung reagieren.

Es gibt auch Vögel, die in Schwärmen jagen, wie zum Beispiel Raubvögel, die in Gruppen auf Beutetiere herabstoßen können. Auch bei der Nahrungssuche können Vögel in Schwärmen zusammenarbeiten, um Futterquellen effektiver zu nutzen.

Insgesamt zeigt das Schwarmverhalten von Vögeln, dass Tiere in der Lage sind, koordinierte Entscheidungen zu treffen und komplexe Verhaltensmuster zu erzeugen, aufeinander abzustimmen.

Die Intelligenz unf Schwarmintelligenz von Wildgänsen

Wildgänse sind Vögel, die für ihr kollektives Verhalten bekannt sind. Sie haben spezifische Fähigkeiten und Verhaltensweisen entwickelt, die es ihnen ermöglichen, in Gruppen zu überleben und zu navigieren.

Ein Beispiel für die Intelligenz von Wildgänsen ist ihre Fähigkeit, in V-Formationen zu fliegen. Diese Formation hilft ihnen, Energie zu sparen und in der Luft zu bleiben, indem sie den Wind und den Auftrieb nutzen, der durch die Flügel des Vorgängers erzeugt wird. Diese Formationen erfordern eine präzise Koordination und Kommunikation unter den Vögeln, um ein reibungsloses und sicheres Fliegen zu gewährleisten.

Wildgänse zeigen auch eine hohe soziale Intelligenz und kommunizieren miteinander durch verschiedene Körpersprachen und

Laute. Sie können zwischen verschiedenen Rufen unterscheiden, um Warnungen auszugeben oder zu zeigen, dass sie bereit sind zu landen oder aufzusteigen. Wildgänse können auch miteinander interagieren, um sich gegenseitig zu helfen, wie zum Beispiel beim Ausgleichen von Windböen oder beim Schutz von verwundeten oder kranken Tieren in der Gruppe.

Wildgänse zeigen auch eine bemerkenswerte Fähigkeit zur Orientierung und Navigation. Sie können sich anhand von visuellen und akustischen Hinweisen, wie zum Beispiel der Position der Sonne und des Mondes oder des Erdmagnetfelds, orientieren und ihre Flugroute anpassen, um Ziele zu erreichen.

Diese Fähigkeit ermöglicht es Wildgänsen, lange Strecken zu fliegen, um Nahrungs- und Brutgebiete zu erreichen, und auch in der Lage zu sein, zu ihren Heimatgebieten zurückzukehren.

Zusammenfassend lässt sich sagen, dass Wildgänse über bestimmte Formen von Intelligenz verfügen, die es ihnen ermöglichen, in Gruppen zu überleben und zu navigieren. Ihre Fähigkeit zur Koordination, Kommunikation und Orientierung macht sie zu einem hervorragenden Beispiel für Schwarmintelligenz und kollektives Verhalten in der Tierwelt.

Das Schwarmverhalten von Wildgänsen ist ein weiteres faszinierendes Beispiel für kollektives Verhalten in der Tierwelt. Wildgänse bilden oft große Schwärme, wenn sie auf ihren Zugrouten oder bei der Suche nach Nahrung unterwegs sind. Diese Schwärme können aus Hunderten oder sogar Tausenden von Vögeln bestehen und sind oft in einem charakteristischen V-förmigen Muster angeordnet.

Die V-Form wird oft als Effizienzsteigerung

betrachtet, da sie es den Vögeln ermöglicht,

Energie zu sparen, indem sie die

Auftriebskraft des Vogels vor ihnen nutzen.

Dies kann dazu beitragen, den Flug der

gesamten Gruppe zu erleichtern und ihnen zu

ermöglichen, längere Strecken

zurückzulegen, bevor sie rasten müssen.

Es wird angenommen, dass das

Schwarmverhalten von Wildgänsen auf

visuellen Signalen und Kommunikation

basiert.

Die Vögel achten auf die Position und Bewegung ihrer Schwarmmitglieder und passen ihre Flugbahn entsprechend an.

Sie kommunizieren auch miteinander durch

Rufe und andere Laute, um ihre Position im

Schwarm zu signalisieren und die Gruppe zu

koordinieren.

Es ist auch bekannt, dass Wildgänse ein

Führungsverhalten aufweisen, bei dem

bestimmte Vögel die Spitze des V bilden und die Flugrichtung vorgeben. Diese Position wird oft von erfahrenen und älteren Vögeln eingenommen, die in der Lage sind, die Gruppe sicher durch verschiedene Herausforderungen zu navigieren.

Insgesamt zeigt das Schwarmverhalten von Wildgänsen, wie Tiere durch Zusammenarbeit und Kommunikation in der Lage sind, komplexe Aufgaben zu bewältigen und sich auf effiziente Weise fortzubewegen.

Die Intelligenz und Schwarmintelligenz von Schafen

Schafe werden im Allgemeinen nicht als besonders intelligent angesehen, aber sie sind auch nicht dumm. Sie haben bestimmte Fähigkeiten und Verhaltensweisen, die als Anpassung an ihre Umgebung und ihre Lebensweise dienen.

Ein Beispiel für die Intelligenz von Schafen ist ihre Fähigkeit, Gesichter und Stimmen zu erkennen. Schafe können das Gesicht ihres Schäfers oder anderer Schafe in ihrer Herde erkennen und können auch zwischen verschiedenen menschlichen Stimmen unterscheiden. Diese Fähigkeit ermöglicht es ihnen, schnell auf Veränderungen in ihrer Umgebung zu reagieren und potenzielle Gefahren zu erkennen.

Schafe haben auch ein gutes räumliches

Gedächtnis und können sich an Orte erinnern, an denen sie Futter oder Wasser gefunden haben. Sie sind in der Lage, ihre Umgebung zu erkunden und zu lernen, wie man Hindernisse überwindet und sich in verschiedenen Situationen zurechtfindet.

Darüber hinaus zeigen Schafe auch ein soziales Verhalten und sind in der Lage, in Gruppen zu leben und miteinander zu interagieren. Schafe können Freundschaften bilden und zeigen emotionale Reaktionen wie Freude, Traurigkeit oder Stress.

Sie können auch Strategien zur Konfliktlösung entwickeln, um mit anderen Schafen in ihrer Herde auszukommen.

Insgesamt kann man sagen, dass Schafe über bestimmte Formen von Intelligenz verfügen, die ihnen helfen, in ihrer natürlichen Umgebung zu überleben. Obwohl sie nicht als besonders intelligent im Vergleich zu anderen

Tieren angesehen werden, haben sie

dennoch erstaunliche Fähigkeiten, die es

ihnen ermöglichen, sich an ihre Umgebung

anzupassen und in sozialen Gruppen zu

leben.

Schwarmverhalten bei Schafen ist ein Beispiel

für Herdenverhalten, das in vielen Tierarten

beobachtet werden kann. Schafe sind

Herdentiere und leben oft in großen Gruppen

zusammen. Wenn Schafe in einer Herde

zusammen sind, zeigen sie oft synchronisierte

Bewegungen und folgen dem Verhalten der

anderen Schafe in der Gruppe.

Ein Beispiel für Schwarmverhalten bei Schafen ist, wenn die Herde zusammenbleibt und sich in dieselbe Richtung bewegt, um Futter oder Wasser zu finden.

Wenn ein Schaf in der Herde eine potenzielle

Gefahr erkennt, wie zum Beispiel einen

Raubtier, kann es durch seine Reaktion die

anderen Schafe in der Herde alarmieren, die dann ebenfalls in Panik geraten und weglaufen können.

Schafe können auch Schwarmverhalten zeigen, indem sie sich gegenseitig imitieren. Wenn ein Schaf in der Herde anfängt zu grasen oder sich zu bewegen, können andere Schafe folgen und dasselbe tun. Dies kann dazu beitragen, dass sich die Schafe in der Herde aufeinander abstimmen und als Gruppe koordinieren.

Schafherden können auch eine Art von Hierarchie haben, in der bestimmte Schafe eine Führungsrolle spielen und die Bewegungen der anderen Schafe in der Herde beeinflussen können. Wenn ein führendes Schaf zum Beispiel eine bestimmte Richtung einschlägt, können andere Schafe der Herde folgen und sich in dieselbe Richtung bewegen.

Insgesamt ist das Schwarmverhalten bei Schafen ein Beispiel für die Art und Weise, wie Tiere in Herden leben und sich aufeinander abstimmen, um ihre Überlebenschancen zu erhöhen.

Zum Schluss

Vor- und Nachteile von Schwarmintelligenz

Schwarmintelligenz bietet viele Vorteile, aber es gibt auch einige Nachteile;

Vorteile:

Anpassungsfähigkeit:
Schwarmintelligenz ermöglicht es einer Gruppe, schnell auf Veränderungen in der Umwelt zu reagieren und sich anzupassen. Durch die Zusammenarbeit der Individuen kann eine Gruppe effektiv auf Bedrohungen reagieren oder neue Ressourcen erschließen.

Skalierbarkeit

Schwarmintelligenz kann auf Gruppen jeder Größe angewendet werden, von kleinen Gruppen bis hin zu großen Populationen.

- Robustheit: Eine Gruppe kann durch den Verlust einiger Individuen oder Komponenten weiterhin funktionieren und effektiv bleiben.

  Flexibilität: Individuen können in verschiedenen Rollen arbeiten und verschiedene Fähigkeiten nutzen, um die Ziele der Gruppe zu erreichen.

Nachteile:

  Fehlkommunikation: Wenn die Kommunikation innerhalb des Schwarmes gestört wird, kann es zu Fehlern oder ineffektiven Entscheidungen kommen.

  Wettbewerb: In einem Schwarm kann es zu Wettbewerb zwischen Individuen kommen, die um Ressourcen oder Führungspositionen konkurrieren.

- Verzögerungen: Bei der Koordination

von vielen Individuen kann es zu Verzögerungen bei der Entscheidungsfindung und Handlungsausführung kommen.

- Kontrollverlust: Schwarmintelligenz kann in einigen Fällen schwer zu kontrollieren sein, da die Entscheidungsfindung von der Zusammenarbeit vieler Individuen abhängt.

Insgesamt bietet Schwarmintelligenz viele Vorteile und ist ein effektives Mittel zur Lösung komplexer Probleme. Durch die Berücksichtigung potenzieller Nachteile können Schwarmintelligenzsysteme optimiert werden, um ihre Effektivität zu maximieren.